Kolofon
©Mathias Jansson (2023)
"Di ångermanländska XIV – Månadens poet"

ISBN: 978-91-86915-61-2

Utgiven av:

 "jag behöver inget förlag"
c/o Mathias Jansson
Tvärvägen 23
232 52 Åkarp
http://mathiasjansson72.blogspot.se/

Tryckt: Lulu.com

Innehåll

Förord

På bloggen Di ångermanländska har vi sedan ett par år tillbaka under vinjetten Månadens poet publicerat dikter av historiska och samtida poeter från Ångermanland. Det finns en stark poetisk ådra i det ångermanländska landskapet vilket avspeglar sig urvalet av poeter. Här hittar du allt från naturlyrik av Elin Hägglund till existentiella dikter av Holger Näsman till mer folkliga uttryck som Luffar Lars. Det finns exempel på episka mastodontdikter av Ola Oskar Hansson till mer aforistiska ordspråk som Torpar-Nils. Du hittar historiska teman blandat med framtidsskildringar och domedagsprofetior. Nu finns allt detta äntligen sammanställt i en antologi.

Trevlig läsning

Hilbert Broman

Albert Näslund

Bokförlaget "Det fördolda" som gav ut böcker inom ockultism och spiritualism publicerade Albert Näslunds två diktsamlingar "Surströmmingens drömmar" och "Sju sursalta sillar". Följande dikt är hämtad från den sista diktsamlingen som utkom efter författarens död.

Ur regnbågens färgstege
drar jag spader ess
trumf i bordet!
avslöja hemligheten!
som finns gömd i det fördolda
i en åldriger dal
där björnarna dansar polska
se vid stranden snett över
vid svarttjärnens spegel
de med fler armar än sju
närmar sig nu
Gammelfar blås i ditt jakthorn!
skjut ut, lätta ankar
mot sjustjärnans hamn
trumf i bordet!
avslöja hemligheten nu!

Yngve Holmdal

Yngve Holmdal från Norrtjärn var under hela sitt yrkesliv verksam som skogshuggare. På ålderns höst började han skriva dikter. I diktsamlingen "Ode till en klyvyxa" har han utvecklat ett säreget och intimt språk om sitt arbetsredskap. I sina dikter beskriver han den livslånga relationen med sin klyvyxa. Under vinjetten Månadens poet presenterar vi två av hans dikter.

Klyvyxan
Skaftet är lent
det är hårt och stabilt
ådrigt av uråldrig fur

Yxeggen vass och tunn
när den kysser klabben
är det som en kniv
som skär genom solvarmt smör

Ingen kvist trilskas
ingen surklabb ids
att hålla ihop
utan spricker så fint
och faller besegrad
ned från huggkubben.

Födelsen

Jag minns när jag fick dig av far
du var så tung i min hand
ett tvåmansgrepp krävdes
för att lyfta dig
och fingrarna nådde knappt
runt skaftet
rädd var jag då att slinta
och hugga i kött och inte trä
men med tiden blev vi vänner
du låg så galant i handen
svek aldrig hugget
slant inte
var mig trogen i ur och skur.

Erik Nyman

Vi presenterar några dikter av Erik Nyman ur samlingen "Ögonöppnarboken".

Mitt ute på blötmyren
kände jag marken darra
och solen svartna för ögat
upp ur blötmyren steg en stor ängel
hans vingar var av renaste brons
och i sina utsträckta händer
höll han ett bronskar med klaraste vatten
bredvid honom reste sig en större ängel
med vingar av renaste silver
och i sina utsträckta händer
höll han ett silverkar med vitaste socker
bredvid honom uppsteg den största ängeln
hans vingar var av renaste guld
och i sina utsträckta händer
höll han ett guldkar med finaste jäst

Skåda sade de tre änglarna
med dånande stämmor
de gåvor vi bringar dig Erik Nyman
du är utvald att utföra det stora arbetet
motta de tre sakramenten
det rena, det starka och det gudomliga
drick ur livets renaste källa
så ska ögonen öppnas för dig
och du ska få se vad andra int ser

få höra vad andra int hör
och uppleva allt det som finns
bortom förståndet
för med sanningens vatten ska
din kropp och själ fyllas
i främmande tungomål ska du tala
och din skalle fyllas av visionerna
till den nästan brister och spricker
så är det skrivet och så ska ske.

**

Om jag än vandrar i nipornas dal
fruktar jag intet ont
ty flaskan är med mig
ditt rus och din styrka, de tröstar mig

Jag fruktar och törstar ej
ty du är med mig
på min mörka vandring
genom öknens svåra prövningar
när jag törstar ska du släcka de lågor
som brinner inom mig
ty du har renat mina sinnens plågor.

Fabian Grundström

Under Månadens poet nämnde vi för ett tag sedan Ulvarna. Flera läsare har hört av sig till oss och vill läsa fler dikter av Ulvarna. Ulvarna var en litterär grupp som bestod av ett par yrkesfiskare från Ulvön med Östen Gustavsson och Fabian Grundström som portalfigurer. De var verksamma under 1930-talet och skrev barska och kärva skildringar om livet som fiskare.

Vi publicerar därför två dikter av Fabian Grundström ur Ulvarnas antologi "Fiskrens" från 1933:

Ryck och slit och drag
svett och salt och stänk
blåsor och valkarna och händerna
nöter ut roddarbänkarna.

**

Nätet trasigt slitet
laga, laga, laga
göra nya hål
varenda eviga dag
laga hål med nya hål.

Riksnittio aka Svante Konradsson

Månadens poet är rapparen Riksnittio aka Svante Konradsson, född och uppvuxen i Undrom, men nu boende i Stockholm. På sin YouTube kanal lägger han regelbundet ut nya låtar och har under åren skaffat sig en trogen publik som älskar hans raptexter med norrländska teman. Följande text är från en ny video som nyligen publicerades på hans YouTube kanal.

Norrskensrejv
Norrskenet hänger i träden
det är skogsrejv på tjärnen
i skaren från skotern
dansar vi på packad snö
till Rivstart och Hooja
Vi hänger i isbaren
Ozzy har med plastdunken
och blandar vargtass i hinken
hämtar isen ur tjärnen
Vi dansar i månskenet
i pimpade skoteroveraller
drömmer oss bort in i dimman
fiskar Norrlands guld ur isen
släcker törsten som brinner där inne
Det är skogsrevj på tjärnen
för en stund glömmer vi världen
skogens träd är så mörka och tunga
men i norrskenet känner vi oss hemma
i kylan känner vi oss fria och unga.

Emma Asklund

Månadens poet är Emma Asklund som innan pensioneringen arbetade som växeltelefonist på kommunkontoret i Kramfors. I hennes debutdiktsamling "Hallå – jag kopplar" återberättar hon på ett realistiskt sätt sina många erfarenheter från livet som växeltelefonist och ett och annat skvaller som hon snappat upp. Vi publicerar här titeldikten ur samlingen "Hallå – jag kopplar".

Hallå – jag kopplar
direktör Lund till kanslist Åkerlund
Hallå – jag kopplar
kanslist Åkerlund till ekonom Gunnarsson
Hallå – jag kopplar
ekonom Gunnarsson till direktör Lund
jag drar sladdar kors och tvärs
jag kopplar till och från
hela dagen lång
ingen tid att vila
för en växeltelefonist
ibland känns livet
som ett evigt ping-pong
där samtalen ständigt bollas.

Åke Lind

Åke Lind debuterade för några år sedan med diktsamlingen "Radhusistan". Nu är han aktuell igen med diktsamlingen "Sisyfos i tvättstugan". Åkes dikter är fulla med igenkännande situationer från medelsvenssonlivets mödor och besvär.

Sisyfos i tvättstugan

Tvättmaskinen snurrar, snurrar
i sitt eviga tvättomlopp
på strecken hänger tvätten på tork
jag viker och viker och viker
tröjor, jeans, underkläder
tills trådbacken bågnar full
Jag kånkar, bär, släpar
kläderna uppför trapporna
lägger in, hänger upp, sorterar
tills jag äntligen är klar och kan pusta ut
tar sedan en snabb titt i tvättkorgen
ett berg av smutstvätt rullar ut
tvingar mig att börja om
sortera, tvätta, torka, vika, sortera
medan tvättmaskinen snurrar, snurrar
i sitt eviga tvättomlopp.

Åke Lind även kallad medelsvenssonpoeten skildrar vardagen utifrån radhuslängans perspektiv. Ur diktsamlingen "Radhusistan" har vi hämtat några korta spetsfundiga dikter som är så typiska för Åke Linds författarskap.

På söndagsmorgonen
hör jag hur soptunnelocken slår
längs vår lugna gata
klirret när flaskorna kastas
-gårdagen ångest som städas bort.

*

Nu klipper grannen häcken
ett par minuter har jag på mig
på att återställa balansen
skapa harmoni i grannsämjan
Att kolugn släntra ut med häcksaxen
och förvånat konstatera
ska du också klippa häcken idag?

*

Sitter man på altanen och ska äta
då kan man ge fan på
att grannen ska återskapa
slaget vid Lützen vid grillen
men jag kan också återskapa
historiska händelser
som motorsågsmassakern
klockan sex på söndagsmorgonen.

Karl Gustav Hansson

Den kända romantiska diktaren Ola Oskar Hansson hade en yngre bror som också skrev poesi. Karl Gustav Hansson är nu inte lika känd som brodern. Dels så dog han i unga år och efterlämnade bara ett fåtal dikter efter sig. Vi kan idag publicera en av dessa efterlämnade och opublicerade dikter.

Vendelas gästabud

Vendela skön vikingamö
stod stolt och grann i stugan
rörde om i middagsgrytan
när dörren plötsligt slog upp
kall var vinden som ven

Ej trenne bröder i dörren stod
utan trenne främmande
barska och karga krigare
med yxa, svärd och brynja
bryskt de krävde
att bli serverad vid hennes härd

Öl och bröd Vendela hämtade
satte fram fat med kött och frukt
glupskt och girigt männen drack
stirrade med begär och lust
på ungmöns höga barm

En sträckte sin hand
drog Vendela ner i knät

kände hårt på hull och barm
och sa att först ska du bli min
och sedan frodas med mina krigare
lustig ska vi leka natten lång

Vendela bad kämpen vänta ett slag
för att orka med leken
måste ni väl äta er mätta
låt mig hämta mat ur grytan
fylla på med öl och kött i faten

Vendels bort till spisen steg
tog kniven vass vid härden
dansade elegant runt bordet
slängde med höfterna och håret
svängde snabbt med vassa handen
snart tre röda floder över bordet flöt

Trenne bröder nalkades hemmet
stannade vi grinden och häpet såg
trenne jordhögar i trädgården
de skrattade och log

Nu har syster vår haft gästabud
matat maskarna igen
och gödslat trädgården
med fiendens kött och blod.

Sven-Erik Grönberg

Under vinjetten Månadens poet presenterar vi metapoeten Sven-Erik Grönberg från Näs. Han debuterade med diktsamlingen "Meta i poesins hav" ur vilken vi har valt två dikter.

Jag skrev min dikt
med flödande vattenfärger
i världens alla färger
men när jag lyfte pappret
rann orden bort
och droppade över kanten
på den vita mattan
avtecknar sig nu diktens skärvor.

**

Jag köpte en ny blyertspenna
och vässade den
så det bara blev spån kvar

På det vita pappret
strödde jag ut spånet
och sa till mig själv:
-Där är en ännu oskriven dikt.

Jörgen Nilsson

Jörgen Nilsson är kusin till Anders Andersson som vi tidigare har publicerat under rubriken Månadens poet. Jörgen brukar kallas för prepper-poeten och i hans senaste diktsamling Bunkerrim återfinns en post-apokalytisk stämning. Jörgen skriver HajQ, som är ett eget påhittat versmått som han själv beskriver som en slags Haiku med en slutkläm. Vi presenterar här några exempel på Jörgens HajQ.

Tiden är snart slut
kärnvapenmolnen stiger
mot den klara skyn
svamptider.

**

Den som ingen bunker har
får söka skydd i skogen
sitta under ett träd
å döfilosofera.

**

Ingen ström i kontakten
civilisationens dröm slocknade
framför ögon dina
TV-rutan blev svart.

Optimus Näsman

En av de nya lovande poeterna i länet är Optimus Näsman född och uppvuxen i Herrskog och visst är han släkt med den stora pessimistpoeten Holger Näsman. När Optimus föddes tyckte hans mor att han var en ovanligt glad liten krabat, till skillnad från hans dystra släktingar, så han fick därför namnet Optimus. Hur det förfaller sig med det är det upp till läsaren att avgöra. Vi kan nu för första gången presentera två nya dikter av Optimus från samlingen "Int ä dä nåt me dä".

Smörgåsa

En sån otur
för tappa jag inte smörgåsa
rakt ner på golva
men jag hade tur
för smöret var uppåt
men sen kom hunna
och åt uppna.

Tycke

Jag fråga en Lena på dansen
om hon tyckte om mä
och se det tyckte hon
men så gla jag ble
sen följde hon mä hem
och sov i sänga min
men på morra
då såg jag ringa
och inte lämna
hon numre sitt
när hon gick.

Holger Näsman

I en kartong med efterlämnade papper och brev hittade jag ett vykort postat i Kramfors 1940 till min far Helge Broman. Vykortet var från den stora pessimistpoeten Holger Näsman och innehöll en kort dikt. Där stod det med spretiga bokstäver:

Jag var på besök på kyrkgårn
för att se till grava
efter far och mor
jag lyssnade noga
med det var så tyst
inget hörde ja nåt
det had väl inget att säg
det var väl nöjda med sin lott
de lyckliga satarna.

Sara Grönkvist

Vi presenterar två nyskrivna dikter av Sara Grönkvist som ingår i diktsamlingen "Minnen av mina katter".

Solkatten
Mitt på skolgården
sitter den och vaktar
håller koll på alla som
kommer och går

Med ett mjukt mjau
hälsar den mig välkommen
när jag kommer på morgonen
och på kvällen följer den mig ut
genom grinden.

Men är det regn och rusk
då syns den inte till
det är bara när det är fint väder
som den verkar vara i tjänst
därför kallar jag skolkatten
för solkatten.

Pantern

Jag sitter i TV-fåtöljen och ser på Bingolotto
när jag i ögonvrån ser den
den grå pantern
med gröna ögonen
som gnistrar i den mjuka sommarkvällen

Pantern har ljudlöst smugit upp för altanen
och står nu nyfiket och stirrar in i mitt vardagsrum
upptäckt – vänder han genast på klacken
och skyndar smidigt nedför trappan
men mitt på gräsmattan stannar han
för att kasta en föraktfull blick mot mitt hus
som han ville säga:
-Hur vågade du störa min kvällspromenad.

Yngve Gustavsson

Så här i sommarvärmen presenterar vi en sommardikt av
självaste bastupoeten Yngve Gustavsson.

Det är hett ute
men ännu hetare inne
eldslågorna slickar kaminen
och vattenångan stiger
som ett hett moln mot taket

Vattnet i älven
ger nästan ingen svalka
och ölen är ljummen
solens sista strålar brinner
färggranna på himmelen
det är vackert, men snart har myggen
jagat in oss i hettan igen.

Jan Häggkvist

Vi fick ett mail med ett klagomål om att vi under Månadens poet bara publicerar poeter från Kramforstrakten och inte lyfter fram några av de fantastiska poeter som kommer från Ulvön. Skribenten som kallar sig KingFishJan lyfter bland annat fram Ulvarna denna litterära grupp som bestod av ett par yrkesfiskare från Ulvön med Östen Gustavsson och Fabian Grundström som portalfigurer. De var verksamma under 1930-talet och skrev barska och kärva skildringar om livet som fiskare. 1933 publicerade Ulvarna antologin "Fiskrens" där Östen Gustavssons kända och ofta citerade dikt återfinns: "Sprätt upp magen / med fingrarna / slit ut tarmarna / kast fiskrenset överbord / se hur truten glupskt slukar / fiskens själ"

Skribenten påminner oss också om mer samtida poeter, som den fantastiska och geniala Jan Häggkvist, som vi på redaktionen inte kände till innan, men vi är naturligtvis alltid intresserade av att lyfta fram nya begåvade talanger och publicerar därför en av Jans dikter under Månadens poet som skribenten bifogar. Dikten handlar om en av Ulvöns mest kända delikatesser, surströmmingen:

Dikt till surströmmingen
Den gyllene burken bågnar
pyser av fermenterade ångor
snart simmar strömmingen
i magsäckskvalpet
i gott sällskap av
pären, löken och nubben.

Elin Hägglund

Månadens poet är Elin Hägglund (barnbarn till skogsfilosofen och poeten Gustav Hägglund). Dikterna är hämtade från diktsamlingen "Höstblad" som utkom 1986. Under hösten brukade Elin samla på fina färggranna höstlöv som hon sedan använde som blad för att skriva sina små dikter med höstmotiv på. Av dessa blad skapades diktsamlingen "Höstblad" som också är utformad som ett stort lönnblad. Elin bor för närvarande i Nordingrå där hon förutom att skriva dikter också är yrkesverksam som keramiker.

På daggröna gräsmattan
glittrar de gyllene löven
som guldmynt
i morgonsolens svaga sken.

**

Stararna uppför sin höstkoreografi
på himlens grågrundade målarduk
intrikata avancerade mönster
i ett ständigt växlande skådespel.

**

Vattnet har fått en tjockare färg
en blygrå matt ton
och vågorna slår tyngre mot stranden
som tunga suckar.

**

Dimman ligger tät i skogsbrynet
som en solkig brudslöja
kvarglömd efter sommarens festligheter.

Envar Karl Oskarsson

Envar Karl Oskarsson, allmänt känd under smeknamnet Ekot, eftersom han hade som vana att alltid upprepa vad folk sa. Om någon till exempel sa att det var fint väder idag, så svarade Ekot. "Ja det är fint väder idag." Om någon frågade om den här vägen går bort till Habborn? Fick han till svar "Om den här vägen går till Habborn? Den gjorde iallafall det igår."

Envar föddes på söder i Stockholm och var en utpräglad storstadsgrabb, men under den gröna vågen i slutet av 60-talet blev han intresserad av miljöfrågor och landsbygden och anslöt sig en sommar till hippiekollektivet "Myrens moder" som slog sig ner i skogarna utanför Sollefteå. När det blev höst och kallt begav sig sällskapets medlemmar hemåt till Stockholm medan Envar blev kvar och flyttade ut i Finnmarken där han bodde i ett litet torp.

Han försörjde sig på att sälja diverse hälsopreparat på postorder som han plockade i skogen och odlade i sitt växthus. Envisa men obekräftade rykten gör gällande att en del av dessa medicinalväxter även bestod av illegala substanser. Envar skrev också en del poesi. Vi presenterar här några dikter ur samlingen: "Knutar på tidens rep".

Tror inte för en sekund
att du kommer att leva för evigt
bara för att du har skaffat
dig en klocka utan visare
och lagt ner timglaset

så att sandkornen
inte längre kan utmäta din tid.

**

Kamikazelöven faller
brinnande mot marken
hela gräsmattan
är ett flammande eldhav
ett höstligt inferno
av eld, bränt och blod

**

Vissa räknar sandkornen
på stranden
medan andra
bygger sandslott
jag vet inte vad som är rätt
men jag vet att oavsett
så suddar vågorna
bort allt framåt kvällen.

**

Utanför mitt fönster
ser jag sommarens varma jord
som möter höstens svala andetag
de omfamnar varandra
i ett ångande möte
ute på myren.

Esmeralda G (Grönkvist)

I den kommande diktsamlingen "Adda Elsa" har Esmeralda G (Grönkvist) agerat spökskrivare åt den kända poeten Elsa Söderberg. Elsa Söderberg hann bara att ge ut en diktsamling innan sin allt för tidiga död 1919. Genom Esmeraldas mediala förmåga har Elsa åter fått en röst och i dialogen mellan de två unga kvinnorna har nya spännande dikter vuxit fram.

Jag dansade sent
i discokulans sken
det var skoj, stök och dimma
men klacken brast
och en stjärna föll i natten
den stjärnan var jag
och det glas jag höll i handen gick i kras
så nu är dansgolvet fullt av skärvor.

Uffe "binhex80" Olsson

Ulf "Uffe" Olsson föddes i Prästmon och intresserade sig tidigt i barndomen för datorer. Under sitt alias "binhex80" är han också en känd karaktär på retroscenen och deltar ofta i olika sammanhang med sina demos och dikter. För Ulf är poesi och programmeringskod samma estetiska upplevelse och utmaning.

Följande dikt är hämtad från den kommande diktsamlingen "V!ru$".

V!ru$

Den mek@n!$k@ rörel$en h@r reg!$trer@t$
T0lk@t$ @v den d!g!t@l@ kärn@n$ kret$@r
0ch $ed@n $kr!v!t$ med lju$punkter på $kärmen
Men det är någ0t $0m !nte $tämmer
Det utbytb@r@ h@r b@r@ $kett
B0k$tävern@$ k0mb!n@t!0ner h@r förv@n$k@t$
@v främm@nde v!ru$$träng@r
0ch $k@p@t ny@ mut@t!0ner @v m!n@ 0rd

Edvard Nylander

"Här ligger en vars namn var skrivet i vatten". Edvard Nylander brukade återberätta guidens ord från den där bussresan till Italien 1975 då man hade stannat till i Rom för att titta på poeten John Keats grav. Ett busstopp som kom att förändra Edvards liv. -Kanske trodde Keats, fortsatte guiden, att han skulle bli bortglömd av eftervärlden. Den vars namn är skriven i vatten är ju flyktig och försvinner snabbt.

Edvard hade funderat på vad guiden hade sagt under resten av bussresan hem och konstaterat att den där Keats hade nog inte upplevt den norrländskan vintern för då hade han förstått att skrift i vatten kunde var lika beständigt som sten, ja, iallafall fram till april då isen på älven brukade gå upp. Hela sommaren plöjde Edvard igenom Keats dikter och andra engelska romantiker och under vintern skottade han fram sitt första oskrivna blad på älven. Ett blad var ett område på älven, stort ungefär som en bandyplan, där hans sedan med hjälp av en ishacka högg in sina dikter i isen med halvmeter höga bokstäver.

Med åren blev det en hel del dikter och på hans 75-årsdag gavs de ut i en samlad volym med titeln "Han som skrev i fruset vatten". De här två dikterna är hämtade från den samlingen:

Mina ord ska smälta bort och blekna
när vårsolens obarmhärtiga strålar
bränner sönder mitt isiga papper
och när vinden river sönder mitt ark
ska fragment föras av strömmen
ända bort till Frånö
ja, kanske når de ända fram till havet
innan orden blir till vatten.

**

Punkten i min dikt är ett borrhål
där pirken har lirkat sig ner i djupet
jag ser att en förstummad och förvånad fisk
har legat på isen och läst mina dikter
innan den förskräckt har sprattlat sig tillbaka
ner i den mörka punkten
ner i den dolda undertexten.

Luffar Lars

Luffar Lars kallades en karl som på 50-talet gick omkring i byarna och slipade knivar. Han hade också med sig diverse erotiska vykort, kärleksdrycker och små häften med dikter (som vi antar att han skrev ihop själv) som han sålde till intresserade. Häftena var mycket populära då de eggade läsarens fantasier, men det var något som prästerskapet inte uppskattade. Därför ställdes Luffar Lars inför skranket vid Härnösands tingsrätt åtalad för spridande av osedliga och omoraliska skrifter och fördärvande av ungdomen. Det var främst samlingen "Blötmyr och lingonris" som åklagarsidan presenterade som extra förkastlig och fördärvlig för folkmoralen. Men se det blev ett spektakel av hela rättegången. Prästerna hade missbedömt Luffar Lars retoriska och slipade talförmåga och det dröjde inte länge innan han fick alla åhörare och domaren själv att utbrista i gapskratt när han påpekade att han visserligen kunde anklagas för att vara en amatörpoet av ringa rang, men för att hitta något erotiskt i hans naturskildringar av den fina norrländska naturen, ja då får man ha en rejäl portion fantasi åt det erotiska hållet, men det hade kanske prästerskapet då de i sin ensamhet och brist på fruntimmer hade mycket tid att fundera kring detta ämne? Ja Luffar Lars blev frikänd från anklagelserna, men hur det förhåller sig med det erotiska och det fantasifulla får ni själv bedöma utifrån dessa två dikter som lyftes fram under rättegången som särskilt oanständiga.

Blötmyren ligger framför mig
som en öppen våtmark
jag känner hur det styva stövelskaftet
sjunker ner i den fuktiga marken
och sluter sig runt min lem
jag rör mig med ett rytmiskt
klafsande och smackande
och varje gång jag drar stöveln
ur det fuktiga geggvecket
hörs ett suckande och stönande
tills jag utmattad och svettig
faller ner på den fasta marken.

**

Med handen kammar jag undan
det yviga lingonriset
söker med fingrarna
i den dolda skrevan
efter det oplockade bäret
plötsligt känner jag den daggvåta
mogna och svullna knoppen
mellan mina varsamma fingertoppar

Jag för försiktigt det röda bäret
mot mina läppar
låter det länge rulla runt
längs min våta tunga
medan jag uppfylls av smaken
av det jungfruligt syrliga och söta.

Följande fula visa av Luffar Lars är nedtecknad från en
inspelning gjord av Helge Broman.

Susanna i badet

Jag låg och vila i skuggan
för dagen var riktigt varm
då hörde jag plask och rop från älva
och smög mig försiktigt fram
genom grenverket skymtade jag något
så jag böjde grenens gröna arm
och ridån gick upp för en tablå
med en frodig guppande barm
som simma längs stranna fram

Jag stod och spana på briggen
då den stötte på grund
och började hala sig mot land
akten var bre och stadig
på däck var hon riggad
med två rejäla segel
och i fören skymtade jag
det mörka ankarspelet
och Susanna var hennes namn

Uppspolad som vrakgods
låg hon på stranna och torka
med vidöppna portar
för bränningarnas skum
men när hon såg mig i busken

snabbt hon krängde runt
och hissa upp storseglet över skrovet
och gav upp ett fasligt mistlurtjut
som hördes vida omkring
ja, då var mitt roliga slut
så jag vände snabbt på klacken
men först lyfte jag på hatten
och tackade artigt för seglatsen.

Följande fula visa av Luffar Lars är nedtecknad från en
inspelning gjord av Helge Broman.

Till kära Mor Johanna i Nyland efter en brakmiddag en afton
i april
Nu känner jag
hur ovädret nalkas
det blåser upp till storm
i arselhålet

Efter en brakfest hos mor Johanna
med bruna bönor och fläsk
stångkorv och sylta
sill, potatis och öl
spänner det på rejält
vid bruna dörren

Jag tror att snart så kommer
det stora flyttlasset
med herr Tarms hela möblemang

rusande som ett lavemang
till rummet på utedasset

När jag äntligen sitter på avträdet
fylls orkesterdiket
av blåsorkesterns alla toner
först ett par trumpetfanfarer
sedan basuner, fagotter och klarinetter
och till sist en lång vissling
från piccolaflöjten ur stjärten
innan pukan tungt förkunnar
ett plump, plump, plump

Gott bjudet kära mor Johanna
nu när Luffar Lars är
lättare om stjärten
så är han redo för efterrätten.

Henrik Stålberg

Vår vän Henrik Stålberg född och uppvuxen i Docksta skickade oss en ny dikt som kommer att ingå i den kommande diktsamlingen "Kroppsskulpturer". Henrik tävlade i sin ungdom i bodybuilding med ett SM-brons som bästa resultat. Henrik jobbar idag som PT på ett gym i Sollentuna. I debutdiktsamlingen "Flexa & deffa" tittade han närmare på dagens kroppsideal och träningskultur.

Kroppsbyggarna
Svettiga, stönande, styrkelyftare, slungade
sina stora skivstänger
pressade hantlar och maskiner
formade sina stora muskler
till perfekta biceps och triceps

Käkade proteiner och vitaminer
vägde varje gram på vågen
stekte sig i solarielågor
svalt sig själv i plågor
för att forma den perfekta kroppen
de slet och strävade mot
den olympiska toppen
men många nådde aldrig fram
förföll med tiden till ruiner.

Hertha Broman

Robert Broman som drev antikvariat Boksvängen i Stockholm fick en dag in en samling böcker från ett dödsbo. En av böckerna var ett sällsynt exemplar av John Uri Lloyds märkliga roman "Etidorhpa, or, the end of the earth". När Robert bläddrade igenom boken upptäckte han ett brev instucket mellan sidorna och till sin förvåning var det skrivet av Hertha Broman, syster till Helena Broman som var mor till Helge Broman. Brevet var adresserat till redaktören på Bonniers förlag och var ett följebrev till en diktsamling med titeln "2021 en versifierad framtidsvision". Manuset verkar dock ha gått förlorat till eftervärlden och refuserades förmodligen då det aldrig gavs ut. Det enda som finns bevarat av Herthas spännande författarskap är därför bara en enda dikt, då en reviderad version av dikten fanns med i brevet och som Hertha ber redaktören att ersätta i originalmanuset. Vi återger dikten "Eldhästen" här nedan.

Den automatiska eldhästen skenar
hovarna blixtrar mot gatstenen
ur näsutblåsen forsar glödande rök

Damen sitter panikslagen i gästhytten
genom telepatisk mottagning
signalerar hon sin katastrofala situation
på svävande dynor rycker konstapeln ut
ljudlösa vapen avfyras mot eldhästen
som stannar och faller mot marken

Den mekaniska konstapeln hämtar damen
och transporterar henne säkert
på svävardynan ner till stationen
där hon precis hinner ta plats
innan rymdfarkosten lyfter
och återvända hem till Mars.

Torpar-Nils (Nils Nordlander)

Torpar-Nils (Nils Nordlander) bodde i ett torp uppe vid Sågmon. Han försörjde sig på finsnickerier åt folk men gjorde också små skyltar av trä och bark med visdomsord som han sålde på marknader i länet. Vi presentera några av dessa "Lifvens ord" ur samlingen av träbitar som nu finns bevarad på Hembygdsgården.

- ❖ Inte ett öga torrt när det regnar.
- ❖ Tiden är som sågspån när sågen river genom livet.
- ❖ Det som huggs måste staplas för att inte förfaras.
- ❖ Även en blank älv är farligt ström.
- ❖ Man kan inte koka kaffe på samma sump hela livet.
- ❖ Odon och blåbär är inte samma, även om de kan verka lika.
- ❖ Även en stadig brasa kan flämta till när det stormar ute.
- ❖ Det är på natten ugglan ser bäst.
- ❖ Även på en upptrampad stig kan du snubbla.
- ❖ Ett barr är bara ett barr tills någon lägger det i stacken.
- ❖ Under isen simmar fortfarande fisken.
- ❖ Äppelskrutten är framtidens skördar.
- ❖ En gnisslande dörr tar också emot besökare.
- ❖ Den första kaffekoppen smakar bäst.
- ❖ Även löven blomstrar innan de faller.
- ❖ Både tuppen och göken gal. Den ena hemma och den andra borta.

Helena Broman

Vi presenterar en av Helena Bromans lärda dikter som ännu inte är utgiven i bokform. Helena var mor till Helge Broman.

Fönsterrutan

Sanningen är som en fönsterruta
ren och klar lyser den upp ditt rum
med förnuftets klara kraft
men fylld med damm och smuts
bleknar snart sanningens rena sken
då fylls din syn med dunklets imma
och lögnens slingrande frostrosor
och lägger sig som en hinna
över ljusets rena strimma
nej sanningens fönster
ska vara putsade och rena
så sanningens ljus kan lysa
klart in i kunskapens hus.

Sven Näsman

Sven Näsman var kusin till den stora pessimistpoeten Holger Näsman från Bjärtrå. Sven Näsman räknas också till de stora existentiella pessimisterna i vår tid. Här återger vi dikten "Besvikelsens arkiv" ur bokdebuten med samma namn.

Besvikelsens arkiv
Hela mitt liv finns insorterat
i livets stora arkiv
i en mapp märkt med – Besvikelse
jag föddes – det var tydligen en besvikelse
hela barndomen blev en besvikelse
även ungdomen var en besvikelse
men när jag blev vuxen
då tänkte jag att nu blir det bättre
men det blev också en besvikelse
kvinnan jag träffade – hon var en besvikelse
och mitt jobb – vilken besvikelse
hela livet har varit en lång rad av besvikelser
men så i förra veckan fick jag en hjärtinfarkt
jag trodde jag skulle dö
men jag överlevde
det var en stor besvikelse
ja hela mitt liv finner du insorterat
under bokstaven B i livets arkiv
B som i Besvikelse.

Erik Johan Johansson

Den romantiska diktaren Erik Johan Johansson är känd för sina vemodiga kärleksdikter som kretsar kring hans musa Anna. Här presenterar vi en av hans dikter ur samlingen "Livets vissna liljor".

Tankar från en kyrkogård
Stilla ligger skymningen över bergen
ett ödsligt rop hörs i fjärran
från Lommen vid den svarta tjärnen
bonden skördar ännu i sena timmen
allt är stilla och lägger sig till ro
fågeln tystnar i sitt bo

Ensam vandrar jag på en kyrkogård
bland stenarnas långa skuggor
knoppar och blomsterprakt samsas
med vissna blad och torra kvistar
här finns en skör symbios
en tunn linje mellan liv och död

Jag läser de dödas berättelser
som sakta håller på att vittrar bort
minnena av nära och kära
som långsamt bleknar
och suddas ut i skymningen

Men från trädens dallrande grenar
kan jag ännu höra historiens viskningar

när trädens rötter fångar upp och förmedlar
underjordens vibrationer

På en gren sitter en ensam koltrast och sjunger
jag tycker det låter som om den sjunger
om min älskade Anna
och jag vill ropa: Tid stanna!
bringa åter min älskade hem
från Skuggornas dal
men koltrasten lyfter förskräckt
och flyger sin väg
ensam i skymningen står jag kvar
och viskar ett sista farväl.

Bo Olsson

Bo Olsson (1903-1973), allmänt känd som Skogs-Bo, föddes på familjens släktgård i Ramsele som han efter föräldrarnas död övertog och drev fram till sin egen död. Vid ett par tillfällen publicerades några av hans dikter i tidningen Nya Norrland under rubriken Dagens dikt. Det var efter hans död som man hittade en konsumkasse med ett antal anteckningsblock innehållande dikter. Följande dikter är från Johan Fridmans sammanställning av efterlämnade dikter.

Kontaktannonsen 1

Man skulle kanske skriva
och skicka in en kontaktannons
annonsera efter en kvinna
som tycker om en
som vill hålla en i handen
och smeka en på kinden
men då blir väl katten svartsjuk
så det är väl lika bra att låta bli.

Kontaktannonsen 2

Man skulle kanske ändå
skicka in en kontaktannons
det kan ju finnas någon
där ute även för mig
någon som inte tycker jag är så ful
och som skulle tycka det skulle vara kul
att träffa någon som mig
men det är ju så fasligt dyrt

med frimärken nuförtiden
så jag får nog vänta mä dä
till efter jul.

Besvärjelser ur Svartboken

Uppe vid Lomtjärna hittade man en liten bok av älgskinn med märkliga poem, besvärjelser och ceremonier som fått namnet "Svartboken". Efter många års forskning kan vi nu presentera tre av de mörkaste besvärjelserna ur Svartboken.

Vanvettets besvärjelse

Du eviga som härskar bortom de sju ljusen
Du som vilar i de bottenlösa djupen
Hör min bön med offerblod och offerord
De ut te, um te du, zum um dum
Hör hur stenen sjunger för dig
Du fruktansvärda, du ansiktslösa
Jag ber dig
Låt ditt mörker falla ur natthimlens grepp
Ner i själens mörka tjärn
Dra nattens slöja över N.N. sinne
Virvla upp skräckens dimma i N.N. inre
Låt sorgens ringar sprida sig
Och aldrig försvinna i N.N. liv
Låt vanvettets droppar
Förgifta N.N. själ.
Jag ber dig intenhetens härskare
Hör min bön med offerblod och offerord
De ut te, um te du, zum um dum

Drömmens besvärjelse

Gamlefar jag ber dig
Väck stenens svarta skugga för mig
Un zum de am im, zum im in dim
Väck åter skräckens mörker
Låt de fasansfulla skuggorna
Jaga N.N. genom sömnens palats
Låt intenhetens fruktansvärda öga söka
Genom drömmens labyrint
Och ensamhetens kalla fingrar
Sluta sitt stela grepp av skräck
Om N.N. sinne
Lår drömmens kedja
För evigt fjättra N.N i evig sömn
Jaga N.N. över nattens eviga fält
Fyll N.N drömmar med
Skräckens skrikande visioner
Gamlefar jag ber dig
Väck stenen svarta skugga för mig
Un zum de am im, zum im in dim

Skräckens besvärjelse

Gamlefar hör början av slutet
Ur du xu an di ko en
Gamlefar hör slutet av början
Ne ok id na ux ud ru
Medan tjärnens öga färgas rött
Bringar jag offerblod och offerord
Bryt minnets tunga kedjor

Frigör glömskans skugga
Öppna alla fängelsehålor
Låt det förgångnas fånge
Befriad resa sig ur sin långa fångenskap
Väck skräckens minnen
Låt det fördolda – det gömda – det glömda
För evigt hemsöka N.N.
Gamlefar hör början av slutet
Ur du xu an di ko en
Gamlefar hör slutet av början
Ne ok id na ux ud ru
Medan tjärnens öga färgas rött
Bringar jag offerblod och offerord.

Dikter av BröW

I en rostig plåtlåda med en sjöstjärna på locket, som ropades in på en auktion i Sandslån, hittades sensationellt ett antal nya diktfragment av Bröderna Wikström som brukade skriva under pseudonymen BröW. Vi presenterar här några valda strofer ur samlingen.

❖ Ikväll skriver svalornas svarta silhuetter kärlekstecken på himlen.

❖ Molnen teckna med tunna slöjor dina ansiktsdrag på himlens djupblå duk.

❖ Ljudlös nattglidare sänder via telepatiskt ekolod – mina kärleksord.

❖ Månens sfär kastar sitt bleka sken i famnen på trädets grenar och viskar ömt – jag tror jag är kär.

❖ Kvällens varma bris bläddrar i min anteckningsbok, vänder sida efter sida, letar bland alla blad, efter en lämplig kärleksrad.

❖ Skymningens rosa moln skimrar som fjärilsvingar på dina läppar.

❖ I den heta stjärnnatten ligger vi i hängmattan medan våra tår kysser varandra.

❖ I tjärnens spegel så jag en stjärna. Skenet vävde sina skimrande spindeltrådar runt mitt hjärta fullt med dallrande längtan.

❖ Jag väntade på ditt svar och varje timme blev en evighet och min längtan växte till ett stormande hav, pendlande mellan hopp och kvav.

❖ Det finns tiotusen vackra ord för att beskriva dig – i min tystnad ryms dem alla.

❖ Du var ett skogens väsen, rådjursskygg, orkidesällsynt, en uråldrig viskning, ett svalkande sommarregn på en midsommarblomsteräng.

❖ Mitt hjärta är svalt som kol / Svårt att antända / Men när jag väl träffar den rätta / Flammar det upp med hetta / Då brinner det med en stadig låga / I en evighet för oss båda.

❖ Min kärlek till dig är som en bräddfylld hink med nyplockade röda lingon.

❖ Till den jag gillar skriver jag en dikt, men till den jag håller kär en diktsamling.

❖ För den jag håller kär arrangerar jag om natthimlens stjärnor.

❖ Jag hade kärleken i min hand, men den blåste sin väg, genom ett missförstånd.

❖ Du var regnbågen under regniga dagar.

❖ Bläck är blod i de brustna hjärtans bok.

❖ Jag såg diamanterna som gnistrade i ditt mörker.

❖ Du uppfyller varje tanke, varje andetag jag tar.

Gustav Hägglund

Vi publicerar en dikt ur Gustav Hägglunds finstämda och sällsynta diktsamling "Timmerpriset i mellersta Norrland".

Graf över rundvirkespriset
Jag har ritat mig en graf
över timmerpriserna i mellersta Norrland
i ena stapeln är kubiken
och i den andra rundvirkespriset
i mitt diagram kan man utläsa
priset på sågtimmer tall
och sågtimmer gran
två linjer som följa varandra som barn
medan priset på massaved
på björk, tall och gran
spretar som grenar
men framåt hösten
kan man se att de
åter sig förenar
och stabiliseras.

Ida Björndotter

Ida Björndotter fascinerades som alla andra barn av skuggorna som rörde sig på hennes sovrumstapet när solen eller månens ljus lekte i träden utanför. Men till skillnad från andra barn fördjupades Idas intresse under åren. Hon började teckna av skuggorna, vilket ledde till att hon som vuxen utbildade sig till teckningslärare. Under tonåren upptäckte hon också kameran och den blev en ständig följeslagare på hennes många resor till kontinenten under 50-talet. Henne motiv var alltid skuggan i alla dess former och skepnader. Ida var inte bara intresserad av att avbilda skuggan utan även att tolka och tyda den. För henne var skuggan en avbild av en transcendent verklighet och den innehöll dolda budskap och hemligheter. Hennes tolkningar har samlats i den obskyra och besynnerliga boken "Skuggornas bok" som illustrerats med hennes egna teckningar och fotografier. Här återges ett par av texterna ur boken:

Sovrummet natten den 9 augusti 1948
nattkräk, spott och blod rinner ur munnen på den som saknar mod
hans hand – den högra sträcker sig skrämt mot henne den dolda
sluter sig kring en rotvälta med smak av död och sälta
trädets rötter slingrar sig kring barnets hals
stryper det sakta medan tecknen ristas i barken
yxan lutad mot trädet kan avgöra framtiden

Prag våren 1953

elden rasar i huset, lågorna slickar fönstren
röken väller ut genom taket
bildar svarta drömmoln
varelser med klor och huggtänder
mörka demoner från andra dimensioner
som om helvetets avgrunder
öppnat sig under mina fötter
på fönstret ristar den beniga
tecknet med sitt sotiga finger.

"Kotte Kurt", Kurt Sture Ewald Björkson

"Kotte Kurt", Kurt Sture Ewald Björkson utformade kottelogin i ett försök att skriva poesi skapad av tallar och granar. Han brukade på hösten leta upp en lämplig tall eller gran i skogen och runt trädet markera fyra cirklar. Den innersta cirkeln (röd – substantiv), den andra (grön – verb), den tredje (blå – adjektiv) och slutligen den yttersta (gul – pronomen). Varje dag under en vecka besökte han sedan trädet och noterade hur kottarna hade ramlat på marken. I en tabell slog han sedan upp den aktuella bokstaven och cirkeln och beroende på temperatur och luftfuktighet den aktuella dagen kunde han avläsa vilket ord kotten motsvarade. Av dessa ord skrev han sedan dikter som han ansåg var skapade av trädet. Vi publicerar här några exempel på dessa kottelogiska dikter.

Bark brand svart
tänker tittar långsam
du vilar stilla
**

Underbar snabb kotte
ramlar faller
fångar famlar vind
vacker ekorre
**

Träd långsam
bark springer
runt evigheten

Hindrich Bromaneus

Hindrich Bromaneus som var präst i Ytterlännes socken under 1600-talet var känd för sina svavelosande och bombastiska predikningar. Den här Domedagspredikan från långfredagen 1634 är hämtad ur "Hindrich Bromaneus samlade skrifter band VII: Uppbyggliga predikningar och uppläxande domedagsurkundelser" sammanställd av Godherreorden, Sjustjärnebrödernas loge i Härnösand, anno 1677.

I natt jag drömde det förfärligaste. Jag hade lagt mig till sängs efter en brakmiddag med häradshövding Olifvecrona, Länsfogde Näsman och biskop Högstadius. Vi hade ätit och druckit gott. På bordet serverades det helstekt tjäder, enspånsrökt älgtunga, gravad röding, bävergryta med kantareller, rådjurskorv, honungsglaserade björnkotletter, halstrade havsörnsbröst med hjortrongele, gökägg, kräftor, ostar, frukter, puddingar, pastejer, rhenska viner, myrtstacksbrännvin och svartölet. Det vattnas i munnen bara jag tänker på all denna gudomliga härlighet som Gud hade skänkt oss denna underbara kväll. Ja, men nog om detta, det är ändå bortkastade smakupplevelser på er, era fattiga grötslevande bönder utan sinne för smak och finess.

Iallafall så vaknade jag mitt i natten av svåra plågor. De var som om alla Satans maror red mig svettig under mörkrets timmar och fyllde min syndfulla själ med skräck och ånger inför den stora gudomens rannsakan. Jag såg då en syn framför mig där självaste pärleporten slogs upp på vid gavel och jag min arma själ fick tillträde till himlens salar. I himlens salar stod en ängel som blåste i en väldig näverlur och signalen ekade i himlen så ock på jorden så bergen skalv och jag darrade av rädsla. Bredvid stod en annan ängel med en väldig bok. Det var den heliga skriften säger jag eder. Runt boken vara en gyllene kedja slagen som var låst med sju förgyllda hänglås. En herde med herdestav och en kappa av vitaste lammull steg fram och knäböjde framför mig och sträckte fram en väldig nyckelknippa till mig och sade. -Du värdige lås upp låsen på sistadagenboken och se och läs så du sedan kan vittna för de dödliga som krälar i sitt förbannade stoft. Se och lär vad som väntar de stackars syndare som icke lyder de tio budord som är för evigt huggna i stenen. Jag tog emot nyckelknippan och låste upp alla låsen och se då blåste en vind bort molnen under mina fötter och jag sågo ner på jorden och jag sågo en väldig vidsträckt slätt framför mig.

På slätten sågo jag huru från de fyra väderstrecken apokalypsens fyra ryttare kom ridande. Från norr kom Döden ridande på sitt bleka benrangel till häst. Han gestalt var mörk och han var draperade i svart munkkåpa och hans väldige lie, som droppade av färsk blod, vilade på hans breda axlar. Efter honom släpade han väldiga rostiga kedjor och i slutet fanns köttkrokar som släpade de fördömdas kroppar genom stoffet. Svarta fåglar attackerade ständigt deras kroppar och pickade ut deras ögon och slet i deras inälvor under svåra plågor. Bakom döden marscherade hans armé av hädangångna, ruttnande kroppar fylld med krälande liklarver, och över hela hären svärmade ett svart moln av miljontals stora spyflugor.

Från söder kom Kriget ridande. Han bar en rustning av skimrande vita benknotor och i sin hand höll han en väldig slägga. Bakom sig lämnade han ett spår av krossade skallar. När han fruktansvärda armé marscherade efter honom krossade de under ett öronbedövande dån alla skallarna till ett fint vitt damm som färgades rött av blod och var från soldaternas lemlästade kroppar. Över soldaterna cirkulerade sedan stora skrikande harpyjor som väntade på att få frossa på slagfältets tusentals lik.

Från öster såg jag Svält som kom ridande. När han red förbi dog och förtvinade all växtlighet i hans närhet och ett tjockt lager av frost la sig över marken, som var så kall att den gick genom ben och märg. Hans armé bestod av utmärglade soldater klädda i bara trasor. De var som vandrade benrangel men deras ögon lyste vansinniga av hunger och deras rovdjursmunnar klapprade i takt på jakt efter färskt människokött.

Till sist från väster kom Elände. Det var en ståtlig herre, klädd i fina kläder och med dyrbara smycken. I sin hand höll han en niosvansad piska som han svingade framför sig för att driva en stor hord av fruktansvärda vildsvin som plöjde ner och dräpte allt i sin väg. Och bakom Elände gick den rasande eldhären. Det var soldater med flammande svärd och glödande rustningar som förvandlade allt till svart aska som kom i deras väg.

Jag stod skälvande i mitten av fältet när de fyra ryttarna närmade sig mig. De stannade framför mig och Döden tog till orda. -Du har nu sett och skall nu vittna för de gudstrogna var du hava sett. Säg dem att detta är vad som väntar dem: Död, sjukdom, krig och elände om de inte lyder de gudomliga buden och i tid erlägger sitt tionde till gudomens utvalda och utsända tjänare här på jorden. Amen.

Och nu är det dags att samla in dagens kollekt och sjunga psalmen som börjar med strofen "Then som wil en Christen heta/ Och rätt thet Nampnet bära/ Han skal tijo Budord weta/".

Hubertus Broman

Norrskenet lyser starkt över Finnmarks gran
stjustjärnorna gnistra och glimma
tjärnen ligger tyst i julnattstimma
sover djupt gör gamlefar
bortom evighetens tysta dimma.

Endast en vätte är vaken
vandrar ensam genom skog och myr
ser upp mot stjärnorna och tänker
på den urgamla gåtan
om de sju sjungande stenarna
som färdas från fjärran land
och vars öde vilar vid tidens rand
det är ett pussel för svårt att lösa
utan den sista biten som binder
allt samman med en gyllene ring.

Ola Oskar Hansson

Den romantiska diktaren Ola Oskar Hansson är känd för sina mastodontdiktverk som "Vikingakungen Orvars liv och äventyr", "Budbäraren" och "Valdemars färd till Valhalla". Nu kan vi publicera en av de sista dikter som Hansson påbörjade innan sin död. Det rör sig om utkastet till dikten "Arla daga forna dar". Av dagboksanteckningar framgår att Hansson tänker sig att dikten skulle bestå av 48 sånger, dubbelt så många som i Odysséen.

Klar och varm var dagen
allt var fridfullt och stilla
korpen vilade i sitt näste
och örnen spanande
från sitt fäste
när en skugga plötsligt föll
över Svea rikes gränser

Liten gosse skrämd mot fjärran såg
kramade hårt sin moders hand
vädjande på sin moder såg
och viskade svagt: -Hur ska det gå?
för oss oskyldiga och fredliga
när fienden vid gränsen står
när vapen skramlar utanför vår port
och främmande soldater
snart trampar på vår fosterjord?

Då hördes plötsligt ett buller

från uråldrig gravhög
och ur högen steg
krigarkungen Hjaltar
ung hjälte från vår forntid
sträckte sömnen ur kroppen
och borstade bort jorden
från sin muskulösa bringa

Såg på gossen och sa:
-Var inte rädd lilla vän
jag har bara vilat ett tag
medan fred och frid
vakade över min arvsrätt
men nu är stunden kommen
när generationer efter generationer
av kämpare och krigare ska vakna
utvilade och sugna ska vi
åter kasta oss ut i striden

Ur bältet Hjaltar tog
den gyllene hornet
och förde det till sin mun
högt ljöd sedan signalen
som fick urbergen att välva sig
och himlens valv att skälva sig
det var signalen som manade
alla sanna fränder att resa sig
att åter försvara vårt land
med svärdet i sin hand

Då rämna själva himlavalvet
och ur molnen flög Oden
på åttabenta hästen Sleipner
och Tor slungade sina blixtar
mullrande i sitt stridsspann
och bakom blev det trångt
när alla Valhallas asar och krigare
ivrig trängde sig fram
för att åter få strida
för att försvara alla svears rätt
och få dräpa fienden på Vigrids slätt

Då rämna själva marken
och ur dimman steg Hel
den fruktansvärde
med sin döda armé
orädda män och kvinnor
dugliga och hederliga
som villigt stiger fram
för att försvara
vår svenska heder
och våra svenska seder

Då havets yta briserade
och ur skummet reste sig Ägir
och runt omkring
steg till ytan tusentals farkoster
vikingaskepp, fregatter och fartyg

med sega väderbitna sjömän
som ivrigt vill strida
för att besegra fienden
som närmar sig var hamn

Då ur en jämtländsk tjärn
ett kompani karoliner
mot stranden vada
med skinande knappar
svarta hattar och slipade klingor
marscherar axel mot axel
i täta led för att möta
fienden som hotade vårt land

Då ur varje grav och hög
steg man och kvinna
ingen var för ung eller gammal
eller för sjuk eller lytt
för att strida
så fylldes led efter led
av krigare och kämpar
som ville försvara vårt land

Och runt om i landet
i skog och bygd tändes
åter smedjans hässja
och snart hördes
hammaren mot städet
som formade om

plogen till svärdet
och i kallt källvatten
härdades stridsviljans glöd
till fiendens förestående död.

Anders Andersson

Tomten är fake news
hans spioner trippar runt på tårna
hans nissar smyger tyst i vråna
rapporterar från varje hus
om du skött dig eller varit stygg

Kommer sen med en juleklapp
en mössa med en spårningsattrapp
eller en mobil med övervakningsapp
som under resten av året
håller koll och registrerar dig
så var smart som jag
och vägra julen
för tomten är fake news.

Sanningen finns där ute
Anders Andersson

~~Hilbert~~
~~Helge~~ Broman

Bromanvägen 7

872 92 Kramfors

Sara Grönkvist

Som röda julgranskulor
sitter Domherrarna uppburrade
på snötyngda grenar
medan en blåmes svänger runt
som på en karusell
i fågelmataren
i trädgårdens nysnö
syns rådjursspår
och i hängmattan
ligger snögubben
nerbäddad i snöbollsdun
och drömmer om julen.
God Jul / Sara Grönkvist

Hilbert Broman
Bromanvägen 7
872 92 Kramfors

Nikko Hirvenpää

Man får klimatångest
av att se på termometern
25 minusgrader utomhus
jag fick gnugga ögonen
och kontrollera att den inte var
trasig

Jag minns första advent ~~1973~~ 1948
då det var minus 42
och mor tvinga oss barn
att lägga under kortbyxorna
och ta på oss långbyxorna
ja, det var kyligare tider då
inte så söderhavsvarmt som nu.

/Nikko Hirvenpää

Hilbert Broman

Bromanvägen 7

872 92 Kramfors

Uffe "binhex80" Olsson

```
När du öppnat 24:e porten
och skickat alla paket
genom etern
då önskar jag dig en 8-
bitars jul
med en riktig retrokänsla
fylld med blippiga julljud
och lågupplöst grafik
där tomten ryckigt
dansar runt granen
medan snön scrollar i
sidled.

47 6f 84 28 4a 75 6c 8a
binhex80
```

Hilbert Broman

Bromanvägen 7

872 92 Kramfors

Grimoire Digitalis (utdrag)

Anders Andersson håller på att sammanställa en helt ny grimoire. Han har nämligen länge saknat en samling besvärjelser som är anpassade till vår digitala tidsålder. Här får vi några smakprov på nya besvärjelser ur "Grimoire Digitalis" som komma att publiceras någon gång i framtiden.

Figur 1

Den här besvärjelsen kan användas för att få bättre uppkoppling. Rita upp följande magiska cirkel på golvet (se Figur 1) och lägg sedan enheten som har dålig uppkoppling på symbolen i mitten och uttala sedan följande ord.

Jag åkallar dig ARPA
urnätets beskyddare och väktare
med de heliga orden TCP och IP
öppnar jag nätets portar
Jag åkallar CERF och KAHN
för att ledsaga mig rätt
för att skapa en trygg färd
bland eterns osynliga vågor
Låt sedan den mäktiga BERNERS-LEE
nätets allvetande vägvisare
guida och beskydda mig
bland alla faror och fallgropar
som lurar framför mig på min färd.

Figur 2

Den här skyddsformeln är hämtad ur zoomastrianismens uråldriga och hemliga skrifter. (Se Figur 2) Den skyddar användaren från att bli störd och kontaktad av fjärran andar:

Cerberus portens väktare
skydda mig från de onda andar
som försöker kontakta mig
Blockera deras ankomst
så de varken kan se, höra
eller chatta med mig
Stör deras närvaro
med ständig rundgång
och frys deras anleten
i en oändlig loop
Cerberus portens väktare
hindra fjärran andar från
att rubba min inre cirkel.

Figur 3

Den här formeln används för att hitta information som är försvunnen eller begravd på okända platser: (Se Figur 3.)

Utforskare guida mig genom det fördolda
avslöja hemligheterna i det inre
visa mig vägen till det jag förlorat
avslöja det som dolts för mina ögon
Hjälp mig att finna
skrifterna som jag glömt
att sparat i molnens valv
återskapa orden som jag suddat ut
och bilderna som jag råkat slänga
i den stora korgen av glömska.

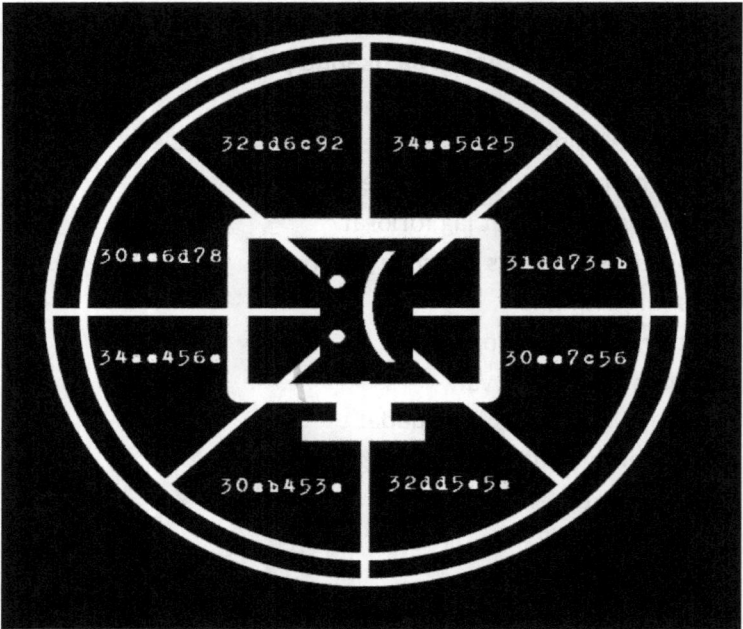

Figur 4

Den här förbannelsen används för att förstöra en fiendes dator. (Se Figur 4)

Må din enhet börja brinna
ditt minne krascha
och hårddisken spontant formatera sig
Må du drabbas av världens
alla virus och din skärm vara evigt blå
Jag svär vid den ondskefulla Malwarus
att alla dina filer ska bli kryptiska
och oåtkomliga tills du
offra mig alla dina bitcoin.

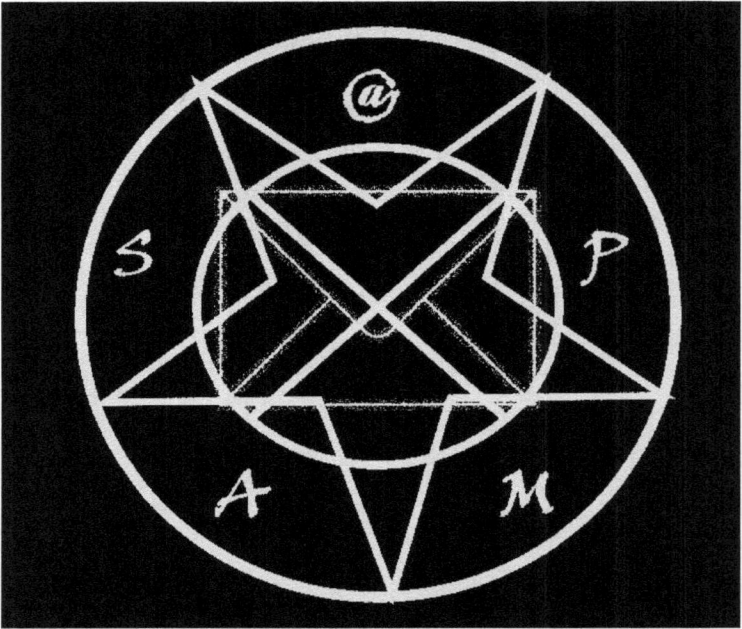

Figur 5

Skriv ett mail med följande skyddsformel och bifogad figur (se Figur 5) som du sedan lägger som ett utkast i ditt mailprogram som skydd:

Scammers och spammers
i den heliga Filterus namn
blockerar jag eran åtkomst
och förkastar er ut i
tomhetens papperskorg.

alt.

Vaka över mig allseende öga
sätt på svartlistan
alla de som pröva
mig på kroken fiska
mig i nätet fånga
mig med länkar pröva.

Figur 6

Med följande kärleksformel får du lycka i kärlek och kan trollbinda den du älskar: (Se Figur 6.)

Du som får mitt hjärta att brinna
ska jag på Tinder finna
bland alla profilerna
ska du min plocka
och alla andra blocka
till höger ska du svepa
och sedan sluta leta.

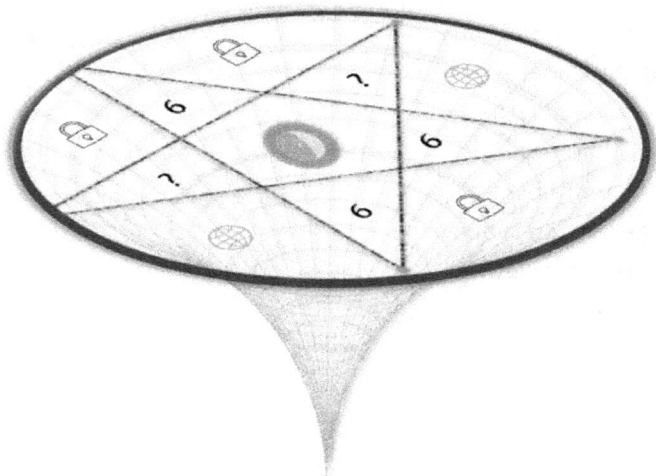

Figur 7

Installera följande symbol på datorn och använd sedan följande kommandon för att öppna portarna till det mörka nätet. (Se Figur 7)

Up is down and down is up
Black is white and white is black
Mighty Tor open port 666
And let me enter
The gateway to the darknet
Tor mighty master and host
I will peel away layer after layer of my soul
And my name shall be nobody
And I promise to serve you
As your humble server.

Figur 8

Den här symbolen (Figur 8) kan du ha som bakgrundsbild på din dator eller telefon för att skydda dig mot det onda ögat och hindra främmande krafter från att ta sig in i ditt privatliv.

www.ingramcontent.com/pod-product-compliance
Lightning Source LLC
Chambersburg PA
CBHW071833020426
42331CB00007B/1705